रूहानियत

परिचय

यह पुस्तक 'रूहानियत' मेरे दिल की गहरी आवाज़ है, जो मैं आपके साथ साझा कर रहा हूँ। मैं राहुल चाहर, हरियाणा के गाँव घसौला, चरखी दादरी का निवासी हूँ और यह पुस्तक मेरी आत्मा के विभिन्न पहलुओं को उजागर करती है। मेरी उम्र 18 वर्ष है, और मैंने अपनी स्कूल जीवन से ही इन कविताओं को लिखना शुरू किया था।

इस पुस्तक में कुल 100 कविताएँ हैं, जिन्हें 5 भागों में बाँटा गया है। प्रत्येक भाग अपनी अलग शैली और विचारधारा को दर्शाता है, जो मेरी आत्मा की विविधताओं को प्रस्तुत करता है। इस संग्रह में मैंने अपनी भावनाओं, अनुभवों और आध्यात्मिक यात्रा को शब्दों में पिरोने की कोशिश की है।

सबसे पहले मैं मेरे स्कूल 'बेस मॉडल स्कूल' का धन्यवाद करना चाऊँगा, साथ ही मैं मेरे शिक्षक 'प्रकाश फोगाट' जी का आभारी रहूँगा उन्ही के कारण मुझे कविता लिखने में हौसला मिला , मेरे प्रिय मित्र 'कार्तिक' का इस पुस्तक में अहम योगदान है। उनकी प्रेरणा और मार्गदर्शन ने मुझे इस यात्रा में आगे बढ़ने के लिए प्रेरित किया। मैं उनका आभारी हूँ कि उन्होंने मेरी लेखनी को सही दिशा दिखाई। इस पुस्तक के सम्पादन में मेरे संपादक 'कुशाग्र' का भी विशेष योगदान है, जिनकी मेहनत और सुझावों ने इस पुस्तक को एक नई दिशा दी। मैं अपने शिक्षक 'दिव्य घिया' का भी आभारी हूँ, जिन्होंने मुझे इस पुस्तक को प्रकाशित करने की प्रेरणा दी।

कविता मेरे जीवन का एक अभिन्न हिस्सा है और यह मेरे लिए सिर्फ एक शौक नहीं, बल्कि आत्मा का एक सशक्त माध्यम है। मैं आशा करता हूँ कि मेरी यह रचनाएँ आपके दिल को छू सकें और आपकी आत्मा को एक नई रोशनी दे सकें।

- राहुल चाहर

— ख़याल —

— हयात —

— एक वो —

— राब्बता —

— दयार —

ख़याल

तू चुप क्यों है ?

क्यों हँसी के पीछे छिपा लेता है अपना दुख तू,
क्या तुझे किसी बात का ग़म नहीं है?

क्यों भूल जाता है कि तू भी एक इंसान है ,
अंदर-अंदर पल रहे ज़हर का दर्द कम नहीं है।

ख़ामियों का पुतला समझते हैं सब एक-दूसरे को,
ख़ूबियों का यहाँ इंसाफ़ नहीं है।

और मुद्दतों से दबे हैं जो गहरे राज़ ज़हन में,
शांत हैं जब तक शांत हैं, वरना
उनकी गर्जन किसी तूफ़ान से कम नहीं है।।

हर क़िस्सा मशहूर है!

है तू महज़ इक मुसाफ़िर
मंज़िल तेरी अभी बहुत दूर है ,
चलता चल अपनी राहों पर
कोशिश करने वालों का हर क़िस्सा मशहूर है ।।

है तू महज़ इक तिनका
तेरे ख़्वाबों का आशियाना अभी बहुत दूर है ,
बुनता चल ख़्वाब तेरे
कोशिश करने वालों का हर क़िस्सा मशहूर है ।।

है तू महज़ इक ज़र्रा रेत सा
सुकून में भीगना अभी बहुत दूर है ,
समेटता चल ज़र्रा ज़र्रा
कोशिश करने वालों का हर क़िस्सा मशहूर है ।।

है तू महज़ इक ईंट
दिवार में तब्दील होना अभी बहुत दूर है ,
बनाता चल अपने रिश्ते मजबूत
कोशिश करने वालों का हर क़िस्सा मशहूर है ।।

है तू महज इक बूंद
दरिया सा बनना अभी बहुत दूर है ,
लेता चल दुआएँ अपने लिए
कोशिश करने वालों का हर क़िस्सा मशहूर है ।।

है तू महज एक शुरूआत
अंत अभी बहुत दूर है ,
बाँटता चल खुशियां सबको
कोशिश करने वालों का हर क़िस्सा मशहूर है ।।

क्या ही किया मैंने ?

क्या ही हासिल किया मैंने
अभी समय की मार बची पूरी है ,

अभी क्या की किसी का साथ दिया मैंने
अभी क्या ये साथ देना मजबूरी है ,

आख़िर क्या ही बाते चुभीं उन्हें
अभी तो ज़िक्र होना ज़रूरी है ,

और क्या ही कहानी लिखी उन्होंने
जिन्हें पता बात अधूरी है ।।

इंसान तू ऐसा क्यों है ?

है कितनी अजीब ऐ इंसान तेरी फ़ितरत
ख़ामियाँ पकड़ , तू रिश्तों को खो देता है ,

ना जाने ये हुनर है कैसा
किसी की आंखों में खटकता , किसी को मोह लेता है ।।

जवानी में मौत से डरता है ,बुढ़ापे में इंतजार करता है
नहीं फुर्सत अभी ज़रा भी ,खा कर ठोकर फिर ऐतबार करता है ।।

ना जाने ये किरदार कैसा है
जिसे कहा तूने अपना,वो यार कैसा है ,

अकेले आया था , अकेले चले जाना है
है माटी की काया तेरी , माटी में मिल जाना है ।।

सबको बनाया एक सा ,ये जात पात का विवाद क्यूँ है ?
कहने में कसर ना छोड़े कोई ,फिर बात बात का मलाल क्यूँ है ?

मंज़िल है जो सामने तेरे ,सफ़र में रुकने का ख्याल क्यूँ है ?
बदलते रहते किरदार तेरे , हर किरदार में नया सवाल क्यूँ है ??

इरादा क्या है?

ऐब बहुत है मुझमें और खूबी भी
ढूँढने वाले, तू देख, तुझे चाहिए क्या है ?

हमदर्दी बहुत है मुझमे और बेरुखी भी
चाहने वाले, तू बता तुझे चाहिए क्या है ?

दुनिया तो भगवान को भी बुरा बताती है
धुँधला-धुँधला सा सारा जहां है ,
यूं तो टूट जाऊं आसानी से शीशा थोड़ी हूँ
तोड़ने वाले, तू बता, तेरा इरादा क्या है ?

तीर तो दिल पर भी लग सकता है और दिमाग पर भी
तीर चलाने वाले, तू बता, तेरा निशाना क्या है ?

रास्ता तो सही भी हो सकता है और ग़लत भी
मुसाफिर तू बता तेरी मंजिल क्या है ?

मुझे न सीखा मैं कितना काबिल हूँ और कितनी नाकाम ,
बताने वाले, तू बता,तेरी वकालत क्या है ??

थोड़ा मन कम है !

थका नहीं हूँ ज़िंदगी तुझसे ,
फिलहाल थोड़ा चलने का मन कम है ।

हारा नहीं ऐ जिंदगी तुझसे ,
फिलहाल आगे बढ़ने का मन कम है ।

हो अगर मुनासिब तो आ लौट चलें बचपन में ,
इस उम्र का थोड़ा तजुर्बा कम है ।

अगर नहीं मुमकिन तो थोड़ी अपनी गति कर धीमी ,
तेरे संग दौड़ लगाने का थोड़ा मन कम है ।

चंचल सा है मन मेरा, थोड़ी इसे समझ कम है
ख़्वाहिश करता है समय के लौट आने की,
नादान है थोड़ी अकल कम है ।।

मर्जी अगले की है !

किसी को पसंद आता है लहजा मेरा
किसी के लिए मैं कविताओं का सार बन जाऊँ ,

किसी को ना पसंद हूँ मैं
किसी के लिए छोटा सा उपहार बन जाऊँ,

मर्जी अगले की है
मुझे किस तरह अपनाए ,
कईयों के लिए ज़हर
तो कईयों के लिए मोतियों का हार बन जाऊँ ।।

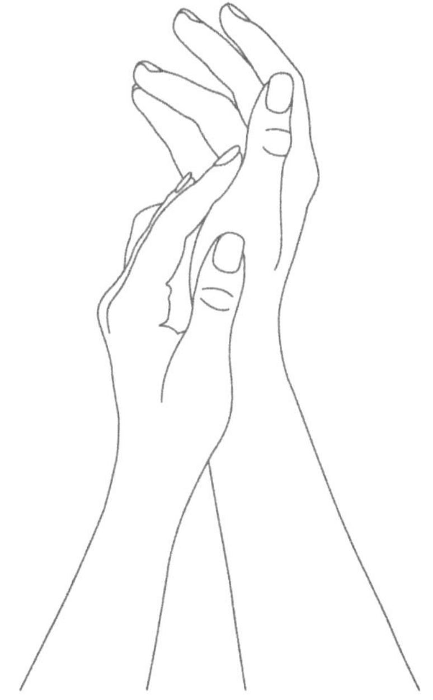

दिल

दिल है ये मेरा
कोई तलवार तो नहीं,
दुख झेल सकता हूँ अपनों के
लेकिन वार तो नहीं ।

चलो मान लिया हक़ है सबका मुझपे
लेकिन पूरा अधिकार तो नहीं,
उतार-चढ़ाव देखे है मैंने भी
लेकिन मैं कोई किए जाने वाला व्यापार तो नहीं ।

दिल है ये मेरा कोई बेरुहा किरदार तो नहीं
दुख झेल सकता है अपनों के लेकिन वार तो नहीं ।।

क्या था मैं और क्या बन गया !

चलते हुए फूल चुना था मैंने
वो फूल आज गुलदस्ता बन गया ,

चलते वक्त हवा को छुआ था मैंने
को हवा मिल जुलकर एक तूफान बन गया ,

हँसते पत्थर को देखा था मैंने
वो पत्थर आज चट्टान बन गया ,

भटका हुआ खुद को मैंने भी पाया
जब गुलदस्ते से फूल नहीं काटा बाहर आया ,

विलुप्त हो गया था मैं
जब मन ने खुद को तूफान में लिपटा हुआ पाया ,

डरता रहा जिस चीज से
वो आज चट्टान बन कर मेरे सामने आई ,

फरिस्ते की इक झलक को देखा मैंने भी
वो इक पन्ने को साथ में लाई ,

उस पन्ने में मेरे कर्म थे
उन सब के कारण मैं हकीकत से परे हो गया ,

उसी समय एक आवाज़ आई
बेटा तू क्या था
और आज खुद के फायदे के लिए क्या हो गया ।।

इश्क़-ए-बुख़ार

कैसे निभाए वो शख्स मोहब्बत की रस्मों को
उनके कंधों पर जिम्मेदारियाँ बहुत हैं ,

कैसे सुनाए वो हसींन किस्से सबको
उनके किस्सों में साझेदारियाँ बहुत हैं ,

नहीं जरुरत उन्हें इश्क़ के बुखार की
उनकी दीवानगी की खुमारियाँ बहुत हैं ,

न जाने क्या करेगा वो इश्क़ का रोग पाल कर
ज़ालिम ..!! इस दुनिया में बीमारियां बहुत है ।।

हकीकत

ना मैं इतना शामिल होकर चला
ना मैं हट कर चला ,

ना मैं किसी का मज़ाक़ बनाकर चला
ना मैं मेरा ईमान भुला कर चला ,

ना गले लगा कर चला
ना मैं इज्जत पर दाग लगा कर चला ,

ना मैं झूठे रिश्ते बनाकर चला
ना फ़रेबी रिश्ते निभाकर चला ,

ना गलत मोड़ पर चला
ना हाथ छोड़ कर चला ,

कई चीजों को मैं भुला कर चला
कईयों को दिल से लगा कर चला ,

मैं हर जगह सब कुछ तोल कर चला
ना जाने मैं किस मोड़ पर मात खा गया ,

पीछे मुड़ कर देखा तो
मेरी हकीकत रो रही थी
पूछने पर पता लगा की मैं दिखावे के चक्कर में
ख़ुद की हकीकत से रिश्ता तोड़ कर आगया ।।

ये संसार !

बड़ा विचित्र है ये संसार का चक्र
यहाँ जीवन बिताना भी तो पड़ता है ,
जो लगता है आपको जान से भी प्यारा
कभी-कभी ,
उसके लिए खून बहाना भी तो पड़ता है ।

जो आया है, वो जाकर ही रहेगा
भगवान को संसार चलाना भी तो पड़ता है ,
कठोर वचन सब बोलते है
कभी-कभी ,
प्यार से समझाना भी तो पड़ता है ।

ये चल रहा है कलियुग
यहाँ इंसान के हर चेहरे को पहचानना भी तो पड़ता है ,
अगर कोई माँगे आपका हाथ आँसू पूछने के लिए
कभी-कभी ,
उसे संभालना भी तो पड़ता है ।

यहाँ सब एक हद तक विनम्र रहते
खुद का गुस्सा अकेले में दिखाना भी तो पड़ता है ,
क्या फायदा बार-बार एक बात के लिए रोने का
कभी-कभी ,
सच अपनाना भी तो पड़ता है ।

बड़ी खूबसूरती से बनाई है ये दुनिया भगवान ने
पैदा हुए को मरजाना भी तो पड़ता है ,
सुख दुख है जीवन का हिस्सा
कभी-कभी ,
खुद के दुख को छिपाकर मुस्कुराना भी तो पड़ता है ।।

चाहत !

चाहत मेरी भी है
कि मैं सब में शामिल हो जाऊँ ,

मन्नत मेरी भी है
मेरे चहरे की हंसी को बरकरार रख पाऊँ ,

यहाँ हर कदम सोच-समझ कर रख रहा हूँ
ताकि मैं किसी को दुखी ना कर पाऊँ ,

कईयों को पसंद आता है व्यवहार मेरा
कईयों के लिए मैं जिंदगी का पाठ बन जाऊँ ,

भूल कर सारी दुनिया को
खुद को ढूँढ पाऊँ ,

बड़ी मुश्किल से बनाया है खुद को ऐसा
काश मैं इस चेहरे पर हंसी बरकरार रख पाऊँ ।।

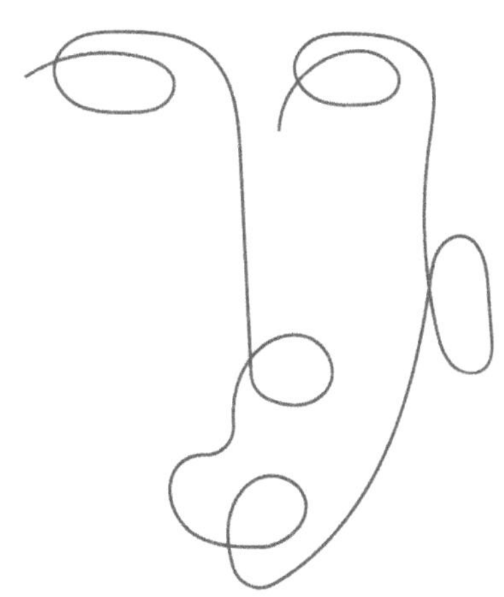

मैं वो नहीं !

मैं वो नहीं जो दिखाई देती हूँ
मैं सिर्फ जहन में सुनाई देती हूँ,

हूँ उड़ता परिंदा मैं ,घायल पंछी नहीं हूँ
ज़माने की समझ मुझे भी है हुज़ूर, मैं बच्ची नहीं हूँ ,

माना अकेली हूँ, पर अधूरी नहीं
थोड़ी हिम्मत कम है, लेकिन हार जाऊँ जरूरी नहीं ,

तुम जानते हो मुझें उतना ही , जितना मैं बताती हूँ
समझते हो बस उतना ही जितना मैं समझाती हूँ ,
मैं वो नहीं जो दिखाई देती हूँ
ताल हूँ सुर के साथ सुनाई देती हूँ ,

आज महज़ मुसाफिर हूँ
कल मंजिल को भी पा लूँगी ,
चमकना है सूरज जितना
उसी जितना खुद को जला लूँगी ,

ये जो कहते हैं ,रहने दो.. तुमसे नहीं होगा
इनको भी कर के दिखा दूँगी ,
कौन हूँ ,
और क्या क्या कर सकती हूँ
सबर करो जनाब,
वक्त आने दो सबको बता दूँगी ।।

दुनियादारी

दुनिया हर जगह शामिल है
किसी की किताब में हम बुरे
तो कहीं हम काबिल है,

दुनिया मुँह पर बढ़िया बोलकर
पीठ पीछे बुरा बताती है
काम आने पर भी
बुरे वक़्त में अकेला छोड़ जाती है ,

ख़ुद की कामयाबी को बाहर दिखा कर
ख़ुद के भाइयों को जलाना चाहती है
माँ-बाप को तो खिलौना समझते
दूसरो पर प्यार जताती है ,

ये दुनिया बहुत चालाक है जनाब
हाथ मिला कर कंधे काटना चाहती है ।।

ख़ुद को देखो !

इसने ये किया, उसने वो किया
कभी सोचा है तुमने क्या किया?

किसी के बदलते वक्त में, किसने किसका साथ दिया?
कोसते हैं लोग अपनी गलतियों के लिए दूसरों को,
कोई न जाने, खुद ने क्या किया।

माना, करते हैं लोग गलतियाँ,
वक्त आने पर उन्हें झेलना पड़ता है।
किसी पर इल्जाम लगाने से पहले,
खुद को भी आंकना पड़ता है।

होता है बचपना सब में,
किसी को बेवजह सताना नहीं चाहिए।
भेद न हो किसी बात का,
तो किसी को बताना नहीं चाहिए।

ज़िंदगी सबको मिली है,
सबकी अपनी अलग कहानी है।

किसी के होठों पर मुस्कान है,
तो किसी की आँखों में पानी है।

हर कोई अपने दुख को खोना चाहता है,
सलाम है आज के लोगों की सोच को
कहकर बुरा दूसरों के बारे में,
खुद खुशियों के बिस्तर पर सोना चाहता है।

तू समझ मुझे !

तू कोशिश कर तो सही समझने की
मैं वो पहेली तो नहीं जो समझ ही नहीं आऊँ ,

कोशिश जो करेगा तो सुलझ भी जाऊँगी
मैं वो गुथी तो नहीं जो सुलझ ही न पाऊँ ,

दुनिया का तो काम ही है गिराना
मैं इतनी कमजोर तो नहीं जो संभल ही न पाऊँ ,

कोशिश कर तो सही संभालने की
मैं वो काँच तो नहीं जो टूट कर बिखर जाऊँ ,

ज़रूरत है तो बस मनोबल बढ़ाने की
मैं वो पक्षी तो नहीं जो ऊँची उड़ान ही न भर पाऊँ ,

तू क़दर कर तो सही मेरे सपनों की
मैं वो कोयल तो नहीं जो ख़ुद को निखार ही न पाऊँ ।।

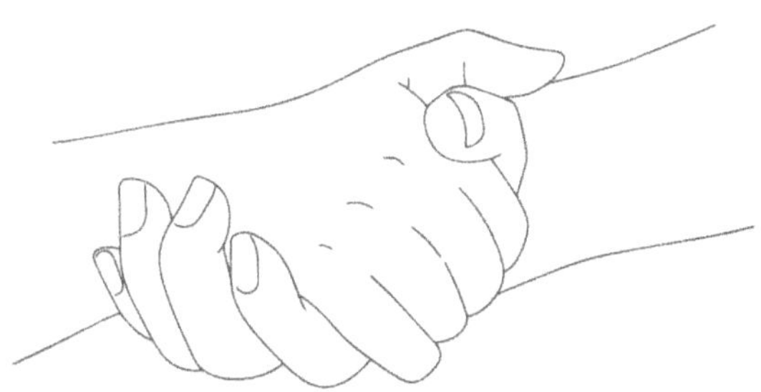

शिकार

मैं क्या था, क्या हो गया हूँ,
मेरे सपनों की दुनिया से निकलकर, हकीकत से वाकिफ हो गया हूँ।
बैठता था कभी बड़े दायरे में,
अब छोटे से हिस्से में सिमट कर सो गया हूँ।

छोटी-छोटी बातों पर गुस्सा करने वाला मैं,
अब बड़ी-बड़ी बातों पर भी शांत हो ग़या हूँ।
अपनों की कद्र पहले कभी की नहीं,
अब उनके लिए मुकम्मल हो गया हूँ।

बेपरवाह जीना चाहता था मैं पूरी जिंदगी,
लेकिन अब इस दुनिया का शिकार हो गया हूँ।
मैं क्या था, और क्या हो गया हूँ।

मुझे मेरा हिस्सा दिया जाए !

नहीं कहता मेरा नाम हर दुआ में लिया जाए
मैं चाहता हूँ मुझे शब्दों में तो शामिल किया जाए ,

मैंने शिद्दत से दिया है
मुझे शिद्दत से दिया जाए ,

मैं चाहता हूँ मुझे इश्क़
मेरे जैसा ही किया जाए ,

नहीं ये ख़वाइश मेरी मुझे इबादत बना लो
मैं चाहता हूँ मुझे लफ्जों में जिया जाए ।।

मैंने ये सब नहीं देखा !

आग लगने पर पानी काम आता है
मैंने हवाओं को आग भुजाते नहीं देखा ,

चोट लगने पर मरहम लगाया जाता है
मैंने अंगारों को जख्म मिटाते नहीं देखा ,

रोते है लोग अपनो के लिए
मैंने परायों के लिए किसी को आँसु बहाते नहीं देखा ,

अंधेरे में काम आती है रौशनी
मैंने रात में सूरज को रास्ता दिखाते नहीं देखा ,

और पैसों के पीछे ठुकरा देते है लोग अपने रिश्तों को
मैने जनाज़े पर किसी को पैसा लेजाते नहीं देखा ।।

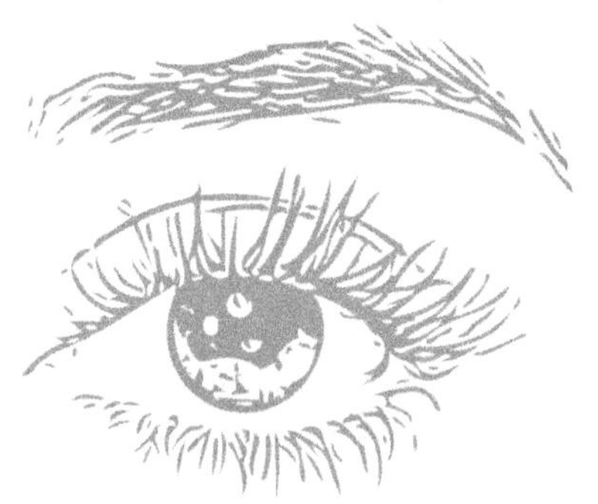

हयात

इंतज़ार में !

झख्म गहरे हो चुके हैं,
मरहम के इंतजार में
उसने आने में इतना समय लगा दिया,
कि मेरे मरने की खबर छप चुकी थी अखबार में।

सितारे !

खूब करी थी मन्नते कई सितारों से
फिर एक-एक कर वो सारे सितारे टूटने लग गए ,
हम तो दुखी हुऐ उन मन्नतों को टूटता देख
कई उन टूटते सितारों से ही मुराद करने लग गए ।

नया साल !

कुछ दिन बचे है
फिर नया साल आएगा ,

कईयों का साथ मिलेगा
कईयों का यही रह जाएगा ,

कई बदल गए इस साल
कईयों का नंबर अगली साल आएगा ,

कईयों को रख लिया सहेजकर
कईयों का सफर यही खत्म हो जाएगा ,

शायद सोचा नहीं था
कि जो साल इतनी खुशी से शुरू हुआ था
जाते-जाते इतना सब कुछ दिखा जाएगा ,

जिक्र तो कया ही करूँ
सोचा नहीं था कभी मैं भी बोलूँगा ,

लेकिन सच में
कोई किसी का नहीं होता, ये साल जाता जाता मेरे मुँह से बुलवाएगा ,

कुछ दिन बचे है
फिर नया साल आजाएगा ।।

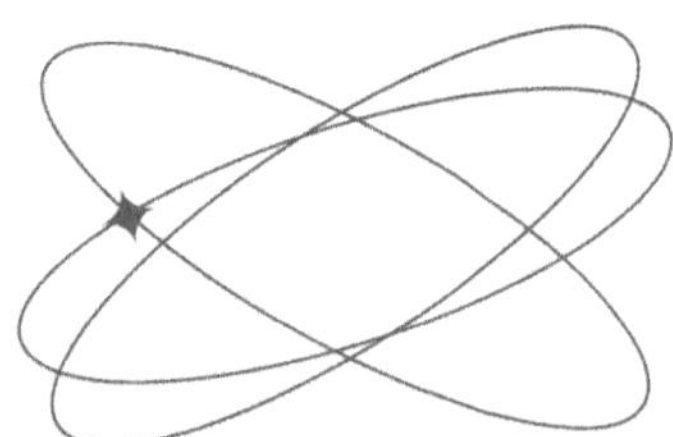

365 दिन !

शुरू हुआ फिर 365 दिन का ये सफ़र
इसमें कई सुबह और कोई रात आएंगी ,

शायद आएँगे कई दुख
कई ख़ुशियों की बात आएंगी ,

कई भूल जाएंगे शायद हमें
कईयों को हमारी मुराद आएगी ,

कई रिश्ते बनाए पिछले साल
इस साल उनमें पहचान आएगी ,

कई यारे प्यारे दूर हो जाएंगे
किसी किसी की बहुत याद आएगी ,

पर चाहता हूँ मैं भी कईयों का साथ
ये सब मुझे साल की शुरुआत थोड़ी ना बताएगी ,

शुरू होगा फिर 365 दिन का ये सफ़र
इसमें कई सुबह और कई रात आएंगी ।।

याद बनकर रह गई !

आजकल हर शख़्स की
अपनी अलग कहानी है,

किसी के होठों पर मुस्कान है,
किसी की आँखों में पानी है।

किसी को सब कुछ मिल गया,
तो किसी की यादें रह गईं।

किसी की बातों ने समझाया,
तो किसी की आँखें कह गईं।

दिन भर हँसते हैं लोग,
ढलते ही दिन के, रात देख कर मुस्कुराती है।

उसकी मुस्कुराहट को देखकर
कुछ यादें आँखों से बह गईं।

वो यादें...

अब बस याद बनकर रह गई,
बस याद बनकर रह गईं।

उसूल !

बिक जाते इंसान भी खिलौनों की तरह,
अगर मेले झूलों के न होते तो

जला दिए जाते कांटे भी पत्तों की तरह ,
अगर बाग़ फूलों के न होते तो

इज्जत से ज़्यादा इजाजत की अहमियत होती होगी,

वरना बाह दिए जाते खून भी पानी की तरह,
अगर इंसान उसूलों का न होता तो ।।

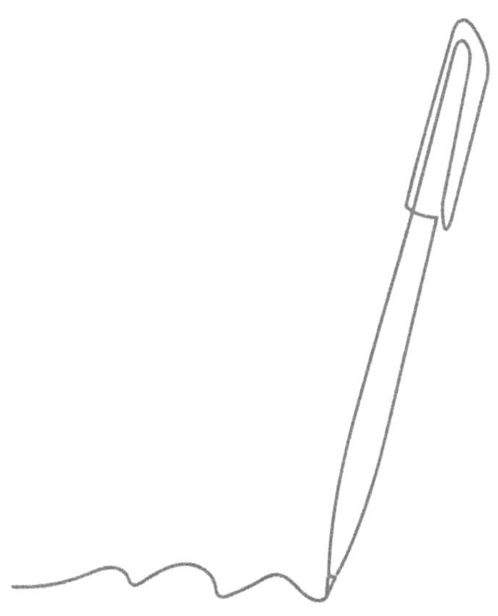

ज़िक्र !

जंजीरों में बाँध कर सच्चाई छुपाई नहीं जाती
फ़रेबी दुनिया में अफवाहें दबाई नहीं जाती ,
और चुप्पी में भी कोई न कोई ज़िक्र तो शामिल होता होगा
वरना एक चिंगारी से आग लगाई नहीं जाती ।।

घर !

जिंदगी का ये पल चौराहे सा लगता है,
यहाँ का हर एक रिश्ता किराए सा लगता है,
सुबह-शाम देखता हूँ उस रास्ते को,
जो मेरे घर को जाता है,
घर से बाहर निकल कर,
घर भी पराया सा लगता है।

साथ किसका ?

रास्ते वही हैं लेकिन पुराने से लगते हैं,
रात पसंद नहीं है अब,
दिन सुहाने से लगते हैं,
और चमक छिन जाए जिस चाँद की,
उस जैसा हाल है मेरा,
सितारे साथ तो हैं,
लेकिन बेगाने से लगते हैं।।

क़हर !

खुश-आइंद सी ये रात कट क्यों नहीं रही,
ये सर्द-महहर बिजाए मुझे लुभा क्यों नहीं रही,

सावन का है ये मौसम,
फिर भी मेरा ये दिल क्यों नहीं मान रहा,

एक सुनामी तो है मेरे दिल में,
पर इसे कैसे बयां करूं,

कि कोई क़हर भी न बरसे और सहर भी करीब हो।

दरारें !

कई पुस्ते लगती हैं,
जब वो इज़्ज़त कमाई जाती है

कई किस्से जुड़ते हैं ,
जब वो कहानियाँ बनाई जाती हैं

और जो फेंकते हैं पत्थर दूसरों के घर पर,
उन्हें कोई ये तो बता दो,

कि जिनके घर शीशे के होते हैं,
उन घरों में दरारें बहुत जल्दी उभर कर आती हैं।

अमावस !

अभी ही तो दिन ढलना शुरू हुआ था,
ये काली घटा क्यों आसमान में छा गई।

सूरज ने अपनी चमक कम ही की थी,
कि रात की अक्स चारों तरफ़ समा गई।

हमने सोचा कि चुरा लेंगे उस चाँद को आसमान से,
लेकिन कमबख़्त ये रात ही अमावस की आ गई।

परिंदे !

जुगनुओं की चमक में रवाना हुए थे जो परिंदे
अब अपने बसेरों से वापिस उड़ चले है
और दामन से दूर जाना तो किसको पसंद होता है
बस वो ज़िम्मेदारियों के बोझ के कारण ,
अपनी मंजिलों की तरफ़ मूड चले है ।।

चमक

दो अक्षरों में सिमट जाए,
ऐसा कोई सार नहीं होता।

दिल से दिल के रिश्तों में,
क़समों का व्यापार नहीं होता।

और समय आने पर पत्थर भी अपनी क़ीमत बढ़ा लेते हैं।
इसलिए कहा जाता है,
कि हर चमकती चीज़ सोने का हार नहीं होता ।

ख़ुद से ख़ुद की लड़ाई !

अगर रास्ता देखा है
तो कदम बढ़ाना भी ज़रूरी है,

खूब करवटें लेगी ये जिंदगी
हर करवट को अपनाना भी ज़रूरी है,

नहीं मिलती यहाँ कामयाबी हाथ-पैर जोड़ने से
इनायतों का साथ निभाना भी ज़रूरी है,

और खुद के लिए दूसरों से बैर तो सब बाँधना जानते हैं
खुद के लिए खुद से लड़जाना भी ज़रूरी है।

क्या क़सूर ?

कई राज़ छिपे होते हैं उस तबस्सुम में भी
ये होठों की बनावट सब इशारों को पिरोना जानती है,
और क्या ही क़सूर है उन भीगी हुई नैनों का
ये तो कुदरत की ही बनावट है,
जो ,ये आँखे ही रोना जानती हैं।

गहराइयाँ !

कश्तियों को पानी में बहने दो
जो हाथ पकड़कर खड़े हैं, उन्हें साथ में रहने दो,
न जाने कब झड़ जाते हैं पत्ते उन पेड़ों के
जिन्हें खुद पर गुरुर होता है,
समुंदर की गहराइयों से पूछकर तो देखो,
चलो छोड़ो,
गहराइयों को गहराइयों में ही रहने दो ।।

लगाव !

चाँद ने एक सितारे से कहा-

"तू ख़ास है मेरे लिए ,
मुझे छोड़ कर इस असमान से जाना मत
मेरा रोज़ सुबह तुझसे दूर होकर दिल है रोता,"

हस्ते हुए उस सितारे ने जवाब दिया-

"मेरे प्यारे चाँद ,
मेरे जाने से ये असमान ख़ाली नहीं होता!"

कुछ पल ओर !

सिमट रहे हैं कुछ पल और
उन यादों की गठरी में ,

अचानक से सन्नाटा सा छा गया
जब याद आया की ये तो साल का आख़िरी महीना आ गया ,

 ये 14 साल पहले चला स्कूल का सफर
अपनी मंज़िल मे समा ही गया ,

सोच उन क्लास की मस्तियों को
कुछ पल के लिए रोना आ ही गया ,

कहते सुना था हमने कईयों को
की स्कूल जैसा वक्त कभी आएगा नहीं,

अब जब जाने का समय नजदीक आ रहा है
तो जी करता है कि काश कुछ पल और रूक जाऊँ यहीं,

दिल भी दिमाग को समझा रहा था
अभी ही तो जीने का मज़ा आ रहा था ,

मैंने समय की तरफ देखा
वो मुझे उलझा रहा था ,

कि जी ले इन बचे हुए दिनों को
ये पल कुछ पल बाद याद आएँगे ,

और ना तू दोबारा जी पायेगा इन पालों को
ये सब बस एक पल बनकर रहे जाएँगे ,

बस एक पल बनकर रहे जाएँगे
बस एक पल बनकर रहे जाएँगे ।।

सोच !

गंभीर सोच में खोया हूँ
शायद ही किसी बात पर रोया हूँ ,

खुद को खुली किताब बना कर बैठा हूँ
सबसे अपनेपन की उम्मीद लगा कर बैठा हूँ ,

बैठा हूँ खुद को चुप कर
मैं क्यों सबको हसा कर बैठा हूँ ,

जो सब देख रहे हैं
 मैं वैसा नहीं हूँ
 मै सबकी नज़रों में खुद को बुरा बनाकर बैठा हूँ,

होती है हर रोज़ एक नई सुबह
मैं उस सूरज की किरण को अंधेरे में जला कर बैठा हूँ ।।

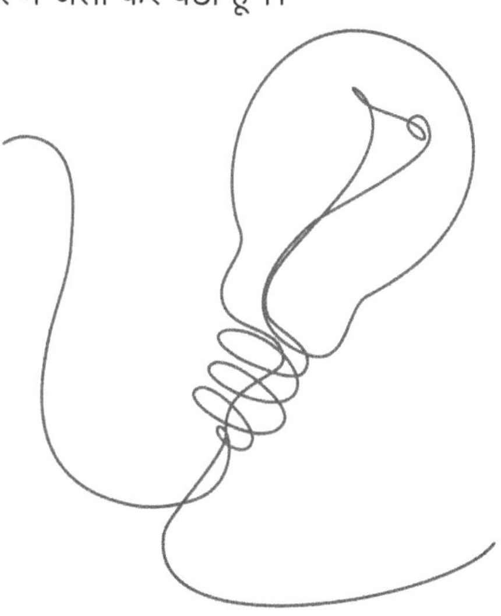

गुस्सा

ग़ज़ब क़िस्सा चुना मैंने भी आज
रिश्तो में दराद लाने वाला एक लोता राज़ ,

कोई दिखा रहा है बोलकर
तो कोई चुप रहकर दिखा रहा ,

कोई तोड़ रहा है सारे रिश्ते
कोई माफ़ी देकर भुला रहा ,

कोई हक़ को भी गुस्सा समझे
कोई गुस्से को भी प्यार बता रहा ,

कोई कर दे अगर पते की बात
तो उसे बदले में 2-4 ताने सुना रहा ,

इंसान मिटा दे जन्मों तक के गहरे साथ
और शांत होने के बाद पछता रहा ,

हाँ जनता मैं भी हूँ गुस्सा करना
लेकिन मैं शांति से सब कुछ सुलझा रहा ,

सब कहते है क्या फायदा गुस्सा शांत करने का
जब ये अंदर ही अंदर खुद को खाएगा ,

मैं बस बताना चाहता हूँ
की ये कलियुग चल रहा है मेरे यारों
अगर कोई चला गया तो वापस मुड़ कर नहीं आएगा ,

बाद में तू खुद को दोषी ठहराएगा
और ये गुस्सा यहीं का यहीं रह जाएगा
यहीं का यहीं रह जाएगा ।।

इम्पोएर्टेंस !

हर कोई कहता है कि-
"रात है निकल जाएगी ,
जल्द ही नई सुबह आएगी"

कोई यू क्यों नहीं कहता कि ,
"सुबह है निकल जाएगी
 फिर से रात आएगी"

दिन मे 24 घंटे होते हैं
सुबह के हाथ लगते है 12 और रात के भी 12 ही होते हैं,

रात ने पूछा कि -
"सभी को मुझ से इतना बैर क्यों है?"

मैं तो तुम्हें चैन से सोने देती हूँ
तुम्हारी हर तकलीफ़ भी अपनी कर लेती हूँ ,

ये ना ही मैंने कहीं सुना था और शायद ना ही कभी सुनूँगा
शायद इस बात को मैं ही बुनूँगा ,

मैंने रात से कहा कि-
"सब कहते हैं रात जिंदगी में अंधेरे की निशानी होती हैं
कई खुशियाँ रात को ही दुख बनकर रोती हैं"

मेरी बात सुनकर रात मुँह मोड़ कर जाने लगी
और वो जाते-जाते कुछ कहना चाह रही थी
सुन ने पर पता चला की वो तो ताना देकर जा रही थी ,

कि "कोई ना बेटा,आख़िर सब कहते ही हैं कि डरावनी रातें है
सच में सारी 'इम्पोएर्टेंस' की ही बात है ।।"

रिश्ता कुछ एसा !

जब जब आई दरारें रिश्तों में
मैंने उसे संभालना ज़रूरी समझा ,
अगर वो चाहता,
तो कर सकता था बाते ख़त्म,
लेकिन उसने जाना ज़रूरी समझा ।।

भ्रम

कोई उस सुनहरी रात को सवेरे से मिलादो
जो फ़रेबी रिश्ते है ,
उन्हें बनने से पहले ही मिटा दो
वो सोचते है कि उनके बिना डूब जाएँगी कश्तियाँ हमारी
समुंदर ही मेरा है,
कोई उनका ये भ्रम तो मिटादो ।।

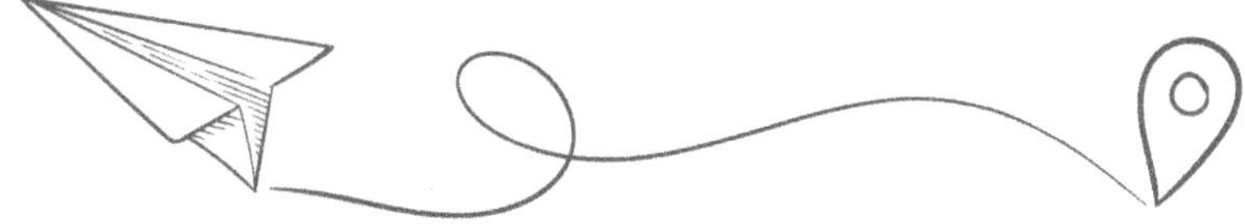

एक वो

हथेली

खिलखिलाती हँसी के पीछे छुपा ग़म ना देखा तुमने
इन नम आँखों का बरसता मौसम ना देखा तुमने ,
देखा तुमने दूसरों की हथेलियों को थामकर
हमारी हथेली में "तुम" के पीछे लिखा "हम" ना देखा तुमने ।।

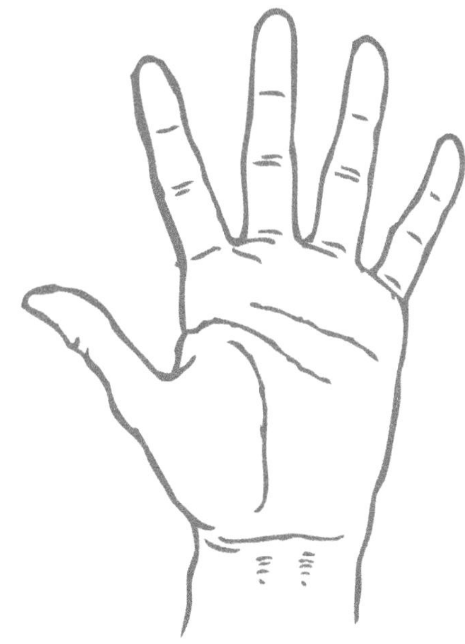

हक़ !

वो कितने ज़रूरी हैं हमारे लिए,
ये बातें ख़तों में पहुँचाएँ कैसे?
उन्हें देख कर कुछ कह नहीं पाते,
अब सारी बातें इशारों में समझाएँ कैसे?
और चाँद की तुलना में रखते है वो ख़ुद को
अब सोचना ये है ,
कि रात से उसका हक़ चुरा कर लाएँ कैसे ।।

मुझसे नहीं !

बनना चाहा था शख़्सियत,
क्या वो किसी को मुझसे नहीं?

बने हमदर्द हम,
क्या वो हमदर्दी मुझसे नहीं?

भूल रहा हूँ बातों के सहारे को,
संभल जाएँगे खुद से कहीं।

क्या महसूस होता है उसको, किसी और के पास देखकर?
ये मुझसे पूछो, उससे नहीं।

इरादा !

हड़बड़ाहट में उठा,
तेरे आने का शोर था क्या?
कदम मेरा उसकी चाल के आगे कमज़ोर था क्या?

ना देखा तुमने ग़ौर से दिल मेरा,
हमसे करीबी कोई और था क्या?

इश्क़ कर बैठे हम इस वक़्त,
ये बेवफ़ाई का दौर था क्या?

और ताश के पत्तों में बादशाह पूछता ही रहा इक्के से,
ये गुलाम ही बेगम का चोर था क्या?

नक़ाब

मोहब्बत का पता नहीं , बस लगाव सा है ,
जो भी कहलों , सब बेहिसाब सा है ,

तू हो अगर सामने तो , बताऊँ तुझे,
मेरे लाखों स्वालो में , तू एक ज़वाब सा है ,

तेरे बिन रुठी शामें मेरी,
मेरी खामोशी पे ये हँसी का पहरा , नक़ाब सा है,

तेरी सूरत पे हम दिल हारते हैं
ये इश्क़ का बुख़ार मानो , तेज़ाब सा है ।।

बसेरा मिला

बेचैन साँसों को मेरी
तेरा ख़याल मिल गया ,
हल्का सा सुकून क्या मिला
एक नया सवाल मिल गया ,
तन्हाई में गुम रातों को मेरी
इक नया सवेरा मिल गया ,
बंजारा बन जो फिरता था कभी
अब आख़िरकार उसे एक बसेरा मिल गया ।।

सिलसिले !

मत कर शुरू सिलसिला उसकी यादों का
तेरा अस्तित्व मिट जाएगा उसे भुलाते-भुलाते ,

क्या अहमियत है उस शख़्स की तेरी ज़िंदगी में,
तेरा वजूद मिट जाएगा उसे अहसास कराते-कराते ,

ज़रा सँभल कर , कहीं तेरी बची हुई हिम्मत भी ना बिखर जाये
बिखरे हुए टुकड़े उठाते-उठाते ,

याद रख तू है कौन , कहीं तू खुद को ही ना भुला दे
दुनिया को अपनी हँसी दिखाते-दिखाते ,

वो जो हिम्मत है तेरी ,कहीं वो दूर ना हो जाए
उसे अपनी कमज़ोरी बताते-बताते ,

मत कर हिसाब तू अपने आँसुओं का
तेरा हिसाब ही बिगड़ जाएगा आँसू छिपाते-छिपाते।।

किरदार

पूछा है कभी आँखो से
क्यों चाहें वो दीदार सिर्फ़ उसका ही ?

पूछो जरा अपनी कलम से
क्यों आया पसंद किरदार सिर्फ़ उसका ही ?

कहने को तो लाखों चहरे हैं दुनिया में
फिर क्यों इंतज़ार सिर्फ़ उसका ही ?

साथ खड़े लोग और भी तो हैं
फिर क्यों एतबार सिर्फ़ उसका ही ?

है क्या उसमें ऐसा
क्यों उस पर अपनी जान वारते हो ?

करते हो दीदार आँखों से
लेकिन हर बार दिल हारते हो ?

पूछा है कभी हाथों से
क्यों थामना चाहें वो हाथ सिर्फ़ उसका ही ?

हर मोड़ पे मिलेगा नया साथी तुम्हें
फिर क्यों चाहते हो साथ सिर्फ़ उसका ही ?

कुछ तो खास है ही उस शख़्स में,
जो चाहते हो तुम दीदार उसका ही !

करते इंतज़ार उसका , है एतबार उसका
तुम्हारा पसंदीदा किरदार भी उसका ही ।।

ख्वाबों का शहर !

ज़रा सी ख़फ़ा है रूह मेरी,
कि क्यों मुकम्मल नहीं उल्फ़त मेरी?

दुश्वार है दीदार तेरा,
फिर भी क़यामत तक है इंतज़ार तेरा ,

बड़ी ही शिद्दत से इनायत देते हैं तुझे ,
तू ही है क़ुरबत मेरी ,

इख़्तियार जज़्बातों का मुश्किल है,
कुछ इस क़दर है हसरत तेरी ,

हैरत में है क़ल्ब, हक़ीक़त से होकर रूबरू,
ख़ता यही है कि नायाब है चाहत मेरी ,

मुख़्तलिफ़ है ज़नाब
ना मोहताज़ मैं हूँ , ना मेहरबां तुम हो

लहजा मेरा मुसव्विर सा है,
लाज़मी है कशिश तेरी ,

ना फ़रियाद है , ना क़हर है
कुछ हैं जज़्बात मेरे और ख़्वाबों का शहर है ।।

लकीरें

हमसफ़र बन ने की क़समें दी थीं उन्होंने
हम से तो सफ़र भी अलग तय कर बैठें ,
और उनकी लकीरों में मिलने के लिए क़ुर्बान कर दी थीं अपनी लकीरें
वो कमबख़्त हमसे बचने के लिए वो लकीरें ही मिटो बैठे ।।

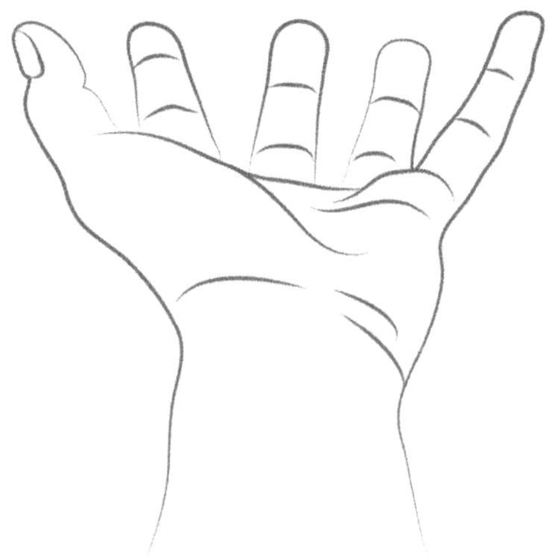

मिराज़ सा वो

तुम्हारा हर कहना मानूँ ,
ये कोई रिवाज़ तो नहीं

सब को चुभ जाये मेरी बातें ,
एसी मेरी आवाज़ तो नहीं

मूड कर आ जाते है परिंदे ,
अपने बसेरों में कभी न कभी

तुम्हारी राह में बरसों बीत चुके है ,
कहीं तुम वो एक बार दिखने वाला मिराज़ तो नहीं ।।

दिल बच्चा है

पता नहीं चलता,
कब कहानियों के किस्से हो जाते हैं,
भरे बाज़ारों में ,
बड़ी-बड़ी चीज़ों के भी हिस्से हो जाते हैं,
मत बोला करो तुम यूँ तीखे - तीखे लफ़्ज़ अपनी जुबान से,
मेरा दिल बच्चा है,
इसके हिस्से-हिस्से हो जाते हैं।

एक बहाना

जो बात चुभी मुझे काँटों की तरह
वो उसे गुलाब के फूल में लपेट लाया ,

जो चीज़ लगती है मुझे ज़हर से ज़्यादा ज़हरीली
वो उसे इत्र की ख़ुशबू में समेट लाया ,

वो चाहता तो रख सकता था मुझे सहेज कर
ल्किन उसने जाने के लिए कहा ,

और मैं...
रुकने के लिए कोई एक बहाना भी न सोच पाया ।।

वार

ज़ख़्म ताज़ा है ,
इनका घाव भरेगा मरहम लगाने से
कोई उसे मत बता देना की ज़िंदा हूँ मैं ,
वो फिर वार करेगा किसी नए बहाने से।

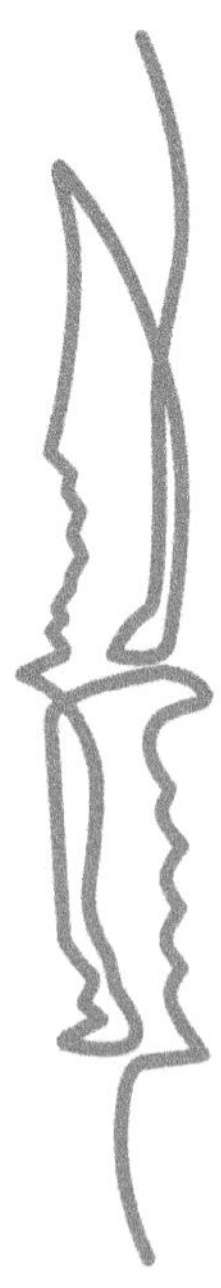

वो क़ाबिल नहीं

कहने को तो पा लिया ये जहां हमने,
देखा जाए तो एक शख़्स भी शामिल नहीं!
कहने को तो सब कुछ हवाले कर दिया उसके,
देखा जाए तो वो कुछ भी संभालने के काबिल नहीं!

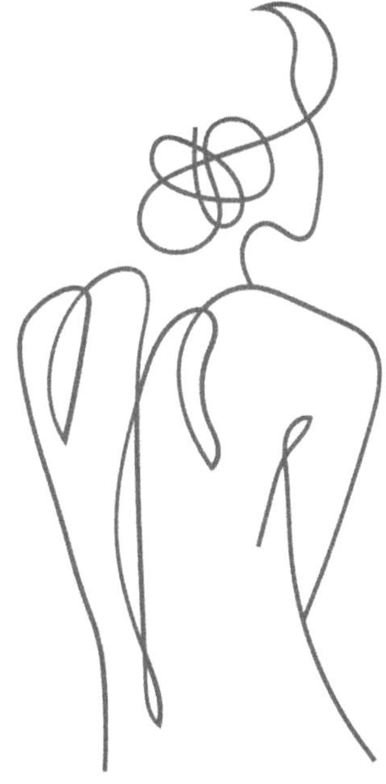

क्या बात होती

उजाला पसंद है तुम्हें,
अगर रात पसंद होती तो क्या बात होती।

ख़ूबसूरत माला के जैसी हो तुम,
तुलसी की होती तो बात ही कुछ और होती।

परिंदों की तरह उड़ना चाहती हो तुम,
काश इस अंबर को तेरी पहचान होती।

और गंगा-सी पवित्र लगती हो मुझे,
अस्थियों के बाहाने से तुमसे मुलाकात होती ।।

दूरियां

देखूँ तुझे, तो कुछ ख़याल आते हैं,
मन में उमड़-उमड़ कर कई सवाल आते हैं ,

सुनना तेरे मुँह से हर जवाब चाहते हैं,
पर कभी-कभी चुप रहने के ख़्वाब आते हैं ,

सिलसिले यूँ ही बढ़ते जाते हैं
हम तुमसे यूँ ही लड़ते जाते हैं ,

भूल नहीं सकते तुम्हें ओ मेरे यारा
अब तो उस लड़ाई के लिए भी तरस जाते हैं ,

ये यादें मिटाई थोड़ी न जाती हैं
बातें भुलाई थोड़ी न जाती हैं ,

वो तो बस वक़्त-वक़्त की बात होती है, यारा,
वरना ये दूरियां बनाई थोड़ी न जाती हैं।

लोटने का इंतज़ार

एक दिन लौटकर आऊँगा मैं
इस एहसास में वो खोई है ,

मिलूंगा मै उसे
इस झूठ के साथ सोई है ,

नींद नहीं आती अब उसे
कि आती नहीं अब नींद उसे ,
मेरे नाम के तकिए से लिपटकर रोई है ,

और उसे लगा कि खुश हूँ मैं उस से दूर जाके
कोई मुझसे तो पूछे,
मैंने उस के लिए अपनी जिंदगी खोई है ।।

जुगनू

हम उस मोड़ को तक रहे
वो जिससे मुँह मोड़ कर चले गए ,

खिली हुई एक बगिया में
वो एक फूल तोड़ कर चले गए ,

गुंजाइश थी जहाँ अमृत-ए-इश्क़ की
वहाँ केवल विष का प्याला दिखा ,

बन जुगुनू रात को रौशन किया जिनके लिए
वो सूरज की पहली किरण पर ही रुह तोड़ कर चले गए ।।

मजबूरियाँ

बात सुनकर आँसू तो आए
पर तेरे सामने अश्कों से आँखों को भिगो न सका ,

चाहा तुझसे खुद से ज्यादा
मजबूरियों ने क़त्ल किया मेरे इश्क़ का
तेरा होकर भी तेरा हो न सका ,

चली गई ज़िन्दगी से तुम
और मैं तुम्हें खोकर भी खो न सका ।।

राब्बता

नाना का संदेश

कल मेरे नाना मेरे सपने में आए,
बोले, घर से दूर आ गया तू, ज़्यादा हवा में मत आना।
दो पैसे कमाने के लिए,
कभी किसी की आत्मा मत दुखाना।
जो सही है, उसे सही बोलना,
तू गलत का साथ कभी मत निभाना।
और मैं तो चला गया, सारी दुनिया-दारी देख कर,
तू इस दुनिया के छलावे में मत आना ।।

जो कभी मेरा था

जो कभी मेरा था,
आज उसके पर्चे बिक रहे हैं बाज़ारों में ,
कोई उसे ये पैग़ाम तो पहुँचा दो,
कई मन्नतें माँगकर मिला था मुझे,
वो एक, कई हज़ारों में।

किस लहेज़े में बयान करूँ तुझे

क्या ही लिखूँ तेरी तारीफ़ में,
तू वो अल्फ़ाज़ ही नहीं, जो शब्दों में बयां हो।

ना चाहूँ मैं कोई गलती करना,
जिससे तू फिर मुझसे ख़फ़ा हो।

तेरे पास होने से एक अलग ही जज़्बात जुड़ा है,
ना चाहूँ मैं कि तू कभी मुझसे जुदा हो।

चाहता हूँ उम्र भर का साथ तुझसे,
आख़िर वो भंवरा ही क्या जो कभी बाग़ में न गया हो।

किस लहजे में बयान करूँ तुझे
तू वो सुर तो नहीं ,जो हर ताल के साथ नया हो ,

तू हिम्मत है मेरी , और कमजोरी भी
वो गुरूर न बनना जो हर किसी का चकनाचूर हुआ हो ,

क्या ही लिखूँ तेरी तारीफ़ में,
तू वो अल्फ़ाज़ नहीं, जो शब्दों में बयां हो।

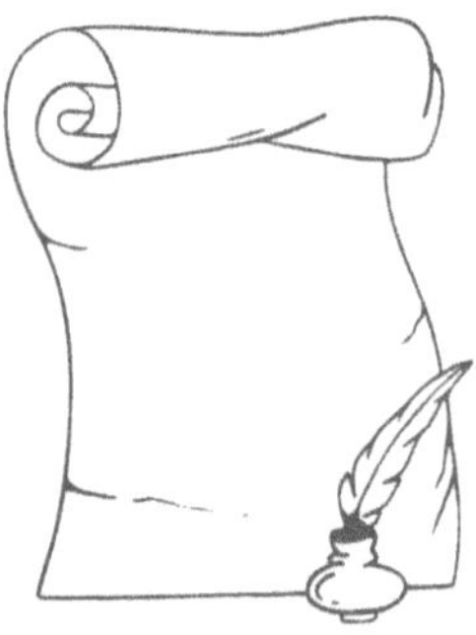

टूटे अरमान

कुछ तो है , जो बदल सा गया है
एक चाँद है ! जो दिन में ढल सा गया है ,

है मौजूद वो आसमान में तो
उसकी चाहतो का आसमान कुछ बिखर सा गया है ,

था जो पागल कभी , वो सुधर सा गया है
था कोई अपना , जो बिछड़ सा गया है ,

वो मौजूद तो नहीं है ,
उसकी नामौजूदगी में भी सब निखर सा गया है ,

टूटे अरमान , टूटे दिल , टूटे रिश्ते ,
रिश्तों का आलम ही बिखर सा गया है ।।

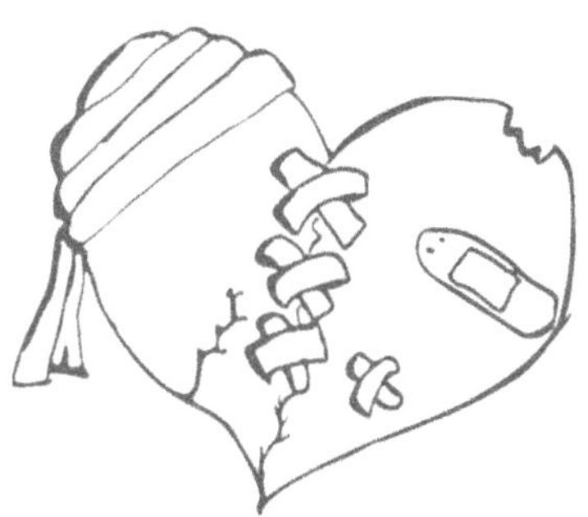

मशहूर दोस्ती के किस्से

थे मशहूर दोस्ती के किस्से हमारे
दोस्ती में हम यूँ दीवाने हो गए,

कभी एक साथ रहते थे सब
अब दिल से दिल के रिश्ते
न जाने कब यूँ बेगाने हो गए ,

थे अलग ही जज़्बात उस यारी के यारों,
यादाश का तो पता नहीं,
लेकिन लगता है वो किस्से बहुत पुराने हो गए।।

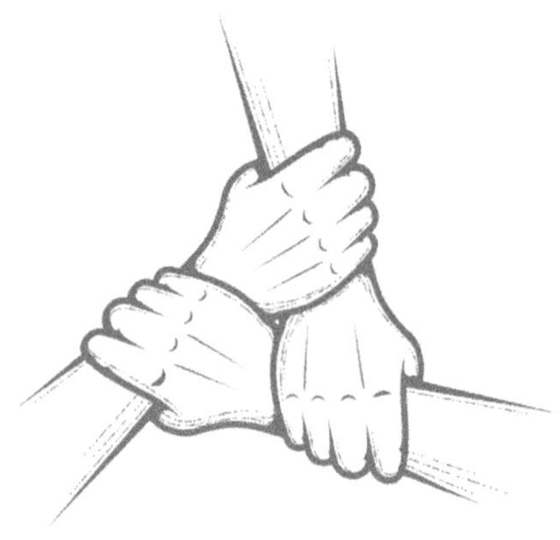

अपने

आसमान में उड़ते कई फरिस्ते दिखाई देते हैं,
रंगों के मेले में कई सपने दिखाई देते हैं,
और किसी चमक का मोहताज नहीं होता वो घर,
जहाँ हर सुख-दुख के लम्हों में साथ खड़े अपने दिखाई देते हैं।

भेदभाव नहीं पसंद

मैं उस बाप को बाप नहीं मानता
जो अपनी बेटी को बेटों से कम लगाता है,

मैं उस माँ को माँ नहीं मानता
जो अपने बच्चों को बड़ों की इज्जत करना नहीं सिखाती है,

मैं उस बेटी को बेटी नहीं मानता
जिसे लहजे में रहना नहीं आता,

मैं उस बेटे को बेटा नहीं मानता
जो घर की कमाई को अयाशियों में उड़ाता है,

मानने को तो कई चीज़ें भी मानता हूँ,
लेकिन मैं उस यार को यार नहीं मानता
जो चार इंसानों में बैठ कर किसी की माँ - बहन का मज़ाक बनाता है।

माँ

भरें थें मैदान फूलों के
तुमनें इस काटे को क्यो अपनी गोद में डाला ,

डूबे थे समुंदर गहराइयों में
तुम ने उन गहराइयों से ख़ुद को कैसे निकाला ,

देख दुखी मुझे , तेरी आँखें मोतियों से भर आती है
मेरी ख़ुशियाँ मुझे सातवें असमान में ले जाती है ,
लेकिन सुख-दुख का क्या है
मुझे नींद तो आख़िर तेरी गोदी में ही आती है ,

वो उम्र भर की मेहनत कम नहीं होती
डूब जाती है बड़ी-बड़ी कश्तियाँ पानी में ,
लेकिन मैंने आप से शिखा है ,
किश्तियों को किसी के सहारे की ज़रूरत नहीं होती ,

तुम चाहती तो रुक जाती दुनिया की बाते सुन कर
लेकिन तुम ने ख़ुद का अहंकार जला दिया
सील लेती ये इमारते ख़ुद की ख़ुद को ख़ुद से
लेकिन तुम ने इस घर को घर बना दिया ।।

मेरा यार

पाया तो उसे एक बूँद सा नहीं
और खोने का डर मानो समुंदर सा है ,
लगता तवाजुब सा होना उसका
मानो वो सुनसान बस्ती में बवंडर सा है ,

बातों में उसकी प्यार नज़र आता है
लहज़े में लेकिन तकरार नज़र आता है ,
मैं परखना चाहूँ उसे जब भी
न जानें क्यों नया किरदार नज़र आता है ,

माना है वो थोड़ा बेपरवाह सा
मुझे तो बस मेरा यार नज़र आता है ।।

मत पूछ

मेरी अंदर चल रही लड़ाई में
मैं ख़ुद को जीता नहीं पा रहा हूँ ए-दोस्त ,

तुझे सब मालूम होकर भी
मैं कुछ बता नहीं पा रहा हूँ ए-दोस्त ,

मत पूछ बार-बार की बात क्या है
मत पूछ बार-बार की बात क्या है ,

एक बार गले से लगा ले मुझे
मैं तुझ पर हक़ जाता नहीं पा रहा हूँ ए-दोस्त ।।

ज़िंदगी की किताब

घमंड नहीं है किसी चीज़ का
बस ख़ुशी है कि मैं तुम से मिल पाया ,

ना जाने कितनो ने मुँह मोड़ा है मुझसे
पर यक़ीन है कि ,

तुम्हारी इस ज़िंदगी की किताब में
मैं भी एक ख़ास पन्ना बन पाया ।।

नाराज़गी

जो सबको पता हो वो राज़
राज़ नहीं होता ,

ऊँची उड़ान ही न भर पाए जो बाज़
वो बाज़ नहीं होता ,

दिल दुखाए जो शब्द
वो अल्फाज़ नहीं होता ,

खून के रिश्तों का नाम विश्वास नहीं होता ,

और नौटंकी करती है दुनिया अपनों से नाराज़ होने की ,
जहाँ किसी को अपना कह दिया,
वह कोई नाराज़ नहीं होता।।

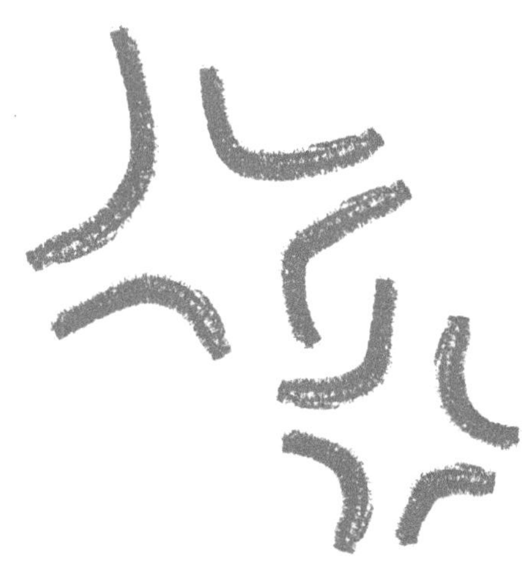

सखा

कागज़ गल जाये
एतबार गले ना कोई ,

चकाचौंद में चमके सब
अँधेरे में दिखे न कोई ,

अच्छे समय में गले लगे सब
बुरे समय में हाथ थामे न कोई ,

और जो बुरे समय में भी साथ ना छोड़े
उस से बड़ा सखा न कोई ।।

वादा उनका

पत्ते पेड़ो से यूँ दूरियाँ बना रहे हैं
मानो पतझड़ का पैगाम ला रहे हैं ,

जो कभी टहनियो से लिपट कर सोते थे
अब उन टहनियो को जलने के लिए छोड़ कर जा रहे है,

भूल रहे हैं उस पेड़ ने पालन-पोषण किया है उनका,
वापस आने का वादा देकर ,
उस पेड़ को ही नासमझ बता रहे हैं ।।

क़दर

मेरे दिल के कमरे किराए पर चढ़े
तो पहले किरायेदार आप होंगे ,

मेरे हिस्से करने की बात आई
तो सबसे बड़े हिस्सेदार आप होंगे ,

और आपको लगता है कि हम आपकी क़दर नहीं करते
अगर कोई मेरी कहानी लिखने बैठा ,
तो सबसे अज़ीज़ किरदार ही आप होंगे ।।

कृष्ण- सुदामा

काश मैं इस दोस्ती को यूही सँभालना सिख जाऊँ
काश मैं तुझे बात-बात पर ना रुलाऊँ ,

काश मैं तुझे हर पल हसाऊँ
काश मैं तुझसे दूर कभी ना जाऊँ ,

ज़्यादा कुछ नहीं माँगता तुझसे
काश तू कृष्ण और मैं सुदामा जैसा रिश्ता निभा पाऊँ ।।

मुस्काया करो

निगाहों में बातें दबाया मत करो,
ज़ुबान पर आए जो लफ्ज़, उसे छिपाया मत करो।

हथेलियों की बनावट मिटाया मत करो,
पल भर में जल जाती हैं चिताएँ
न्योता देकर मुसीबत को बुलाया मत करो ।

बातों की गहराई में जाया मत करो,
मत याद करो उन बुरी यादों को,
उन ख़ुशी वाले लम्हों को सोच-सोच बस मुस्कुराया करो,
बस मुस्कुराया करो।

मेरा दूसरा परिवार

भाई, तेरी माँ मुझे लगे मेरी माँ जैसी,
तेरी बहन के साथ मैंने सगी बहन सा रिश्ता निभाया है।

भाई, तेरा परिवार लगे मुझे खुद के घर जैसा,
तेरे साथ मैंने एक थाली में खाना खाया है।

और तेरे होने पर सातवें आसमान में चढ़ा रहता हूँ मैं,
मैंने सिर्फ तुझसे ही बड़े भाई सा लाड़-दुलार पाया है।

दोस्त नहीं है

जिसका ज़िक्र मेरे हर किस्से में शामिल हुआ,
वो मेरे लिए खुद से ज़्यादा क़ाबिल हुआ,
और मेरी हर सुनवाई की वकालत की जिस शख्स ने,
वो मुझे दोस्त नहीं,
सगे भाई सा हासिल हुआ।

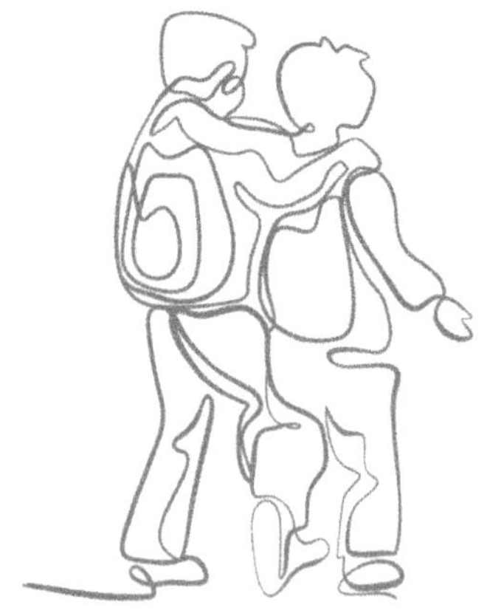

खुशनसीब है वो !

कहानियों में किरदार बनाएँ जाते है
अपनो के साथ रिश्ते निभाएँ जाते है ,
सपनों में ख़्वाब सजाएँ जाते है
और मिलते नहीं हीरे हर किसी को यूँ ढूँढने से,
ये तो कुछ ख़ुशनसीब ही होते है
जिन्हें ये थमाएँ जाते है ।।

कार्तिक

कुछ वक़्त पहले एक अजनबी मेरी ज़िन्दगी में आया
ना जाने क्यों वो मेरी परछाई बनकर साथ चलता नज़र आया ,

शायद वो कोई फरिस्ता था
जिसे भगवान ने मेरी झोली में थमाया ,

वो कब दोस्त से परिवार का हिस्सा बना
ये ना तो वो और ना ही मैं जान पाया ,

उस ने हमेशा मुझे लाड़-प्यार से रखा
ये कविताएँ मुझे उसी ने लिखना शिखाया ,

सब कहते है दुनिया मतलबी होती है
मैं सबसे पूछना चाहता हूँ ,

तुझे भगवान ने किस मिट्टी से बनाया
बनाकर तुझे करोड़ों में एक
मुझ जैसे को ही क्यों थमाया ,

गुंजने लगी चारों तरफ एक ही आवाज़
"की संभाल कर रख लेना तू इसे
ये अनमोल रत्न मैंने तेरे ही मुकुट में है सजाया "

लक्ष्मण जैसा निकला वो

लक्ष्मण जैसा निकला वो
उसने मेरी हर मुश्किल वक्त में उँगली थामी थी,
कर्ण जैसा साथ दिया मेरा,
उसने मेरी हर मुसीबत माँगी थी,
और कैसे मानूँ , कि खून के रिश्तों से बढ़कर कुछ नहीं होता,
उसने मेरे लिए हनुमान बन वो लंका लाँघी थी ।।

एक मैं हूँ यहाँ एक तू हैं

एक मैं हूँ यहाँ एक तू है
सिर्फ़ यादों के ही सलसले है ,

मेरे बचपन का हर एक लम्हा
याद आए रहूँ जब में तनहा ,

उन पलों में कहीं खो में जाऊँ
वो पुकारे फर से में छिप जाऊँ
रूठने पर उसे मैं मनाऊँ ,

वक़्त यूँ ही ठहर जाए कुछ पल
दिल को इतनी सी बस आरज़ू है,
एक मैं हूँ यहाँ एक तू हैं ।।

(श्रीमान प्रकाश फोगाट)

दयार

ख़ुद के लिए ख़ुद उठो

ख़ुद के बच्चों की फ़िक्र कौन नहीं करता
लेकिन दूसरे को खुद का बच्चा मान ले
ऐसी यशोदा जैसी माँ मिल पाएगी नहीं,

खुद को अग्नि परीक्षा में रख
पति की लाज रह सके
ऐसी सीता अब धरती में समाएगी नहीं,

रोज़ करके 100 वचन,
मुँह तो सब मोड़ लेते हैं,
लेकिन एक वचन पर टिक जाए
ऐसी गांधारी जैसी प्रतिज्ञा कोई ले पाएगी नहीं,

जो मुर्दों की राख को छूने से ही मुक्ति दे देती है
गंगा सी पवित्र नदी और कोई उत्पन्न हो पाएगी नहीं,

और करो जागरूक उन नारियों को जो जुल्म झेलें बैठी हैं,
ख़ुद के लिए ख़ुद उठो ,
अब काली माँ अवतार लेकर धरती पर आएगी नहीं ।।

मांस

किसी जानवर का मांस बिके खुलेआम
ऐसा बेरहम व्यापार क्यों सही है ?

जानलेवा ज़हर बिके बोतलों में
इस पर कोई रोकथाम क्यों नहीं है ?

सब खाये मांस चाव से
इस पर क़ानून चुप क्यों है ?

कई धाराएँ लग जानी थी सब पर
लेकिन शायद ये मांस इंसानों का नहीं है !

वो दौर !

बड़ों को इज्जत देने का तरीका था घूँघट
कोई कमज़ोरी की निशानी नहीं थी,

कोई किसी की बात का बुरा मानले
ऐसी किसी में नादानी नहीं थी ,

एक थाली में खा लिया करते सब अपने
जब आपस में कोई बेइमानी नहीं थी,

गांव की बेटियों के लिए लड़ जाता था पूरा गांव
जब ही किसी बेटी को कोई हानि नहीं थी।

और फिर बता रहा हूँ ,
बड़ों को इज्जत देने का तरीका था घूँघट ,
कोई कमज़ोरी की निशानी नहीं थी।

युग

त्रेतायुग का वनवास था वो,
यह कलियुग तक उसके दीप क्यों जल रहे हैं?

एक रावण जो ख़त्म कर आए थे रामजी,
अब हर किसी के अंदर ही रावण पल रहे हैं।

एक वो दौर था जब दीप ही दीप जलते थे,
अब तो लोग पटाखों की तरह एक-दूसरे से जल रहे हैं।

और सभी ने खुशियों से स्वागत किया था मिलकर,
अब लोगों के ईमान भी मोमबत्ती की तरह पिंघल रहे हैं।

राही

चलता चल राही अभी तेरी मंज़िल दूर है ,
इंसाफ की लड़ाई इंसानियत से ऊपर हो जाए तो क्या ?
तुझे इंसानियत के पथ पर चलना जरूर है ,
और याद रख, देर से ही सहीं
पर ऊपर वाले के घर मेहनत करने वालों का इंसाफ जरूर है ।

पटाखे

14 साल के ख़त्म होने पर दीप जले थे
आज तक उस घर वापसी पर वो दीप जल रहे है ,
फ़र्क इतना है कि जब खुशियों का दौर था
अब लोग पटाको की तरह एक-दूसरे से जल रहे है ।।

कलियुग

पाप बराबर धूप है और पुण्य बराबर छाया है,
पत्ते बराबर सच हैं और पेड़ बराबर छलाया है,
बूँद बराबर इंसानियत है और समंदर जितनी काया है,
ये कुछ और नहीं,
ये कलियुग की ही माया है!

धर्म

धर्म के नाम पर तू अपनी सारी हदें पार कर आया
ए-इंसान तुझे हम पर ज़रा भी तरस न आया ।

खुद के बच्चों के लिए मेरे बच्चों को अनाथ बना आया
ए-इंसान तुझे हम पर ज़रा भी तरस न आया ।

मेरे मारने पर तुमने क़ानून बनाया
लेकिन मेरे मरने पर ,
पर वो कानून आगे क्यों नहीं आया

क्या मांगा था तुझसे ,
मैं तो बोल कर अपनी जान की बक्शीश भी न मांग पाया ,
ए-इंसान तुझे हम पर ज़रा भी तरस न आया ।

मेरी बली देकर तू ,
तेरे भगवान की भूख मिटा आया ,
और मेरे बच्चों को भूखा
भगवान के भरोसे छोड़ आया ,
ए-इंसान तुझे हम पर ज़रा भी तरस न आया ।

एक रोटी का धर्म तू कमा न पाया
और मूर्ती को 56 भोग चढ़ा आया ,
हाथ जोड़ कर खुद को विद्वान बता आया
आते ही मेरा दाम लगा कर मुझे बेच खाया ।

मैंने तो सुना था भगवान किसी के साथ गलत नहीं होने देता
तो मेरे वक़्त वो भगवान आगे क्यों नहीं आया ,
वाह ! रे वाह! इंसान मेरे प्यार का ये नतीजा थमाया ,
 क्या सच में तुझे मुझ पर ज़रा भी तरस न आया ??

फ़ौज

मिल रही है गरम रोटियाँ
फौज के लंगर का खाना कभी खाओ ना,

सो रहे हो आराम से घर पर
बॉर्डर पर बंदूक उठाकर जाओ ना,

बना रहे हो घर पर होली
कभी घर से दूर बनाओ ना,

उठा रहे हो घर का बोझ
कभी साथ में देश का उठाओ ना,

नहीं मानते घरवालों की बातें
एक बार फौज में इनकार करके दिखाओ ना,

भाग रहे हो काम से दूर
वो 1600 मीटर पार करके आओ ना,

आज मैं भी उन आर्मी की यादों में लेटा
आखिर मैं भी एक फौजी का बेटा हूँ ।।

अकबार

भोली माँ बैठी थी उस बेटे के इंतज़ार में
बेटा माँ की परवरिश को शर्मिंदा कर रहा था बाज़ार में ,

बाप सोचे उसका की वो करता होगा नेक कमाई
बेटे को बाप की पगड़ी की ज़रा भी लाज़ न आई ,

बहन सोचे भाई उसका बैठा होगा किसी घर इज़्ज़तदार में
भई अपनी बहन को बचा कर बैठा था किसी और की बहन के शिकार में ,

चूर-चूर हो गई उस घर की इज़्ज़त
जिसने इज़्ज़त कमाई थी कई साल में,

बंद हो चुका उस घर का ताला,
जब उस बेटे की खबर छप चुकी थी उस दरिंदगी के अकबार में ।।

वक्र(पन्ना)

चाँद के हिस्से करने को तैयार है सब,
समंदर को ये टुकड़ों में बाँटते क्यों नहीं?

मदिरे को समझे ये इत्र,
सीधा-सीधा विष शरीर में उतारते क्यों नहीं?

बीज बोकर फल के फूल का इंतज़ार करें ये,
इंतज़ार का यहाँ कोई एतबार तो नहीं।

और वक्र पर उतरना चाहे ये अपने दुख-सारे,
ये भूल क्यों जाते हैं कि
ये वक्र भी इतना वफ़ादार तो नहीं।।

साथ कैसा

पत्थर पूजने से नहीं मिलती मंजिले
यहाँ राम ने भी सस्त्र उठाए थे ,

एक बार में नहीं लगती सफलता हाथ
पांडव कौनसा एक दिन में युद्ध जीत आये थे ,

और जरूरी नहीं जो आपका लड़ाई में साथ दे वो अपना हो
श्री कृष्ण न भी तो सारथी बन के रथ चलाये थे ।।

हक़

हक़ से ज्यादा हक हकीकत पर हक़ जताता है
हकीकत में आने पर हक़, हक़ माँगने आता है ,

अपना हक़ मिल जाने पर ये हकीकत में इतराता है
और ना मिले हक़ इसे अपने हक़ का
तो ये हत्यारा बन जाता हैं ,

कलियुग का इसमें दोष नहीं
इतिहास खुद को धोराता हैं ,

पढ़ उन महाभारत की गजलों को अंत में ,
हक़ ही हत्यारा कहलाता है ।।

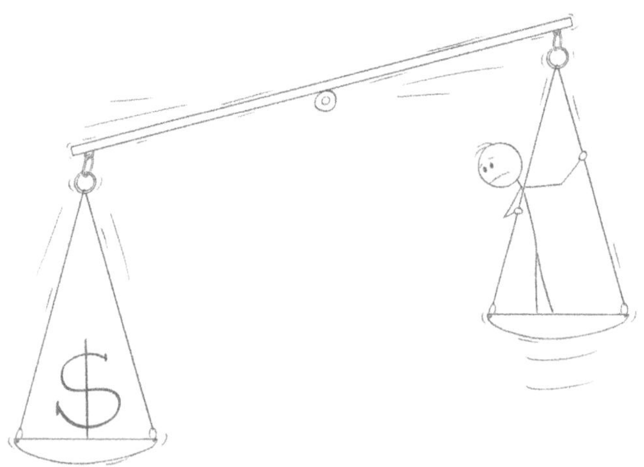

www.ingramcontent.com/pod-product-compliance
Lightning Source LLC
Chambersburg PA
CBHW042100150726
48005CB00033B/1423